Sabedoria de Cada Dia

* *Meditações* *

2013

SABEDORIA DE CADA DIA

Revisão e atualização: setembro de 2013
Capa: Andrey Lambert
Lançamento: maio de 1990 (28 edições)

T814s Trevisan, Lauro
Sabedoria de cada dia : meditações 2013 / Lauro Trevisan – ed. rev.atual. - Santa Maria : Editora da Mente, 2013.
200 p.

ISBN: 85.7151-038-5

1.Meditação 2. Espiritualidade 3. Psicologia
4. Pensamento positivo 5.Poder da mente I. Título

CDU 242

Ficha elaborada por Eunice de Olivera, CRB 10-1491

EDITORA DA mente

Pedidos: Editora e Distribuidora da Mente Ltda.
Rua Tuiuti, 1677 – Caixa Postal: 559
97015-663 – Santa Maria – RS – Brasil
Fone: (0xx55)3223.0202 – Fax: (0xx55) 3221.7184
E-mail: mente@editoradamente.com.br
Site: www.editoradamente.com.br
Autor: laurotr@uol.com.br

LAURO TREVISAN

Sabedoria de Cada Dia

* *Meditações* *

2013

EDITORA DA MENTE
SANTA MARIA – RS – BRASIL

Como abertura
deste livro de meditações,
desejo apenas oferecer-lhe
carinhosamente este pensamento:
Sábio não é quem sabe mais,
mas quem sabe pensar,
porque este chegou à Fonte.

Lauro Trevisan

Siga o impulso da
sabedoria interior,
reservando pelo menos
1 minuto dentre os 1.440 do dia,
para acertar o caminho,
alegrar a vida,
fortalecer a mente,
iluminar o coração,
robustecer a saúde,
alcançar o sucesso e
ser feliz.

SABEDORIA DE CADA DIA

SABEDORIA – mais do que o acervo de tudo o que aprendeu na vida, é alcançar a Essência Superior, imanente no ser humano, imagem e semelhança de Deus, onde o conhecimento existe como um todo, independentemente de tempo e espaço.

A verdade universal e absoluta já é em você, nas recônditas profundezas, protegida, em sua limpidez e integridade, pelo distanciamento da mente consciente.

– Conhecereis a Verdade e a Verdade vos libertará – ensinava, com sabedoria inexcedível, o grande Mestre.

CADA DIA – sua casa estará sempre limpa, se cada dia você a lavar.

Sua fonte dará sempre mais água, se cada dia você a aprofundar.

Sua força interior será irresistível, se cada dia somar novas energias.

Sua felicidade será inextinguível, se cada dia você a iluminar.

Seu poder será sempre mais infinito, se cada dia você o reforçar.

Seu sucesso será crescente, se cada dia você o instigar.

Sua fé removerá montanhas, e tudo lhe alcançará, se cada dia for reafirmada.

Seu corpo se tornará mais forte, se cada dia você o alimentar.

O segredo é este: cada dia.

MEDITAÇÃO – é o estado mental em que você conseguiu atingir o nível alfa.

O ritmo cerebral baixou para uma média de catorze ciclos por segundo e você está tocando na sabedoria, no poder e nas forças interiores.

Poderá alcançar esta inefável interiorização – que o torna comunhão com o universo e com Deus – através do relax, da calma profunda, da paz de espírito, da concentração, da contemplação, da oração.

A meditação é a via direta de ligação com o Poder Infinito e com a Sabedoria Infinita, em outras palavras, com Deus.

É chegar à Luz. Ao Pai. À Fonte.

1

Certa vez, encontraram-se o Ser e o Ter, resultando a inevitável contenda entre os dois.

Qual é o mais importante?

– Sem o Ser, não existe o Ter – proclamou o Ser.

– E sem o Ter, não subsistirá o Ser – reivindicou o Ter.

Ao final de longo e monótono debate, chegaram à sábia conclusão de que um não incompatibiliza o outro e nem sequer o dispensa.

Ser e Ter são as duas pernas que sustentam harmoniosamente a criatura humana, permitindo-lhe chegar aonde deseja.

Compreender esta verdade é a sabedoria das sabedorias.

2

Em tempos que já vão longe, você recebeu uma passagem gratuita no trem da vida para percorrer os jardins deste planeta lindo e florido.

Sua vida, portanto, é uma viagem fascinante, sem retorno, cheia de maravilhas, de novidades, de surpresas.

Ao invés de ficar dormindo no seu assento, ou reclamando contra os solavancos do comboio, curta cada instante desta inesquecível jornada.

Sua vida é a sua fantástica aventura.

3

Você sofre de depressão porque incorreu num equívoco mental.

Houve, quem sabe lá, um problema, a morte de alguém, uma doença, um fracasso, uma frustração, um desengano amoroso, uma experiência infeliz, e você fixou na mente os aspectos negativos da ocorrência, ampliando-os gradativamente, a ponto de afundar de vez.

A depressão é a resposta errada ao acontecimento, seja ele qual for.

O caminho certo é meditar positivamente sobre o fato, dirigindo seus pensamentos e sua Força Interior à superação da dificuldade e ao alcance de seus objetivos maiores.

Mude o pensamento e mudará a sua vida.

4

– Quanto ao poder, quem tem fé tudo pode – revelou o Mestre Jesus.

Fé é acreditar que você tem o poder de transformar a sua palavra em realidade física.

Não há nada demais nisso, posto que a ciência do Poder da Mente reconhece que ao pensamento segue-se a reação, à reação segue-se a ação, e à ação segue-se a materialização.

Ter fé é saber que assim é e assim será.

Sem fé – sua palavra será oca.

Com fé – sua palavra será todo-poderosa.

5

Noé salvou-se do dilúvio dentro da sua arca.

Você estará a salvo das tempestades da vida ao entrar na sua arca interior, onde reina a calma, a paz e a segurança total.

Muitos pensam que é impossível escapar à agitação da vida, visto que estamos jogados num oceano instável e imprevisível, sujeito a chuvas e trovoadas.

Noé estava em meio à tempestade do dilúvio, mas vivia a salvo, feliz, e na mais absoluta segurança e tranquilidade.

Faça você o mesmo.

A sua arca está dentro de si.

6

– A vida é Deus e amar a vida é amar a Deus – escreveu Leon Tolstoi, literato e pensador russo.

Eis um incentivo fascinante para você amar a vida.

Descarregue as amarguras e o pessimismo e sinta a felicidade de viver.

A vida – que grandioso milagre!

Você agora está pensando, porque está vivo.

Sua vida é um lampejo, um reflexo da Vida infinita.

– Penso, logo existo – disse o famoso filósofo Descartes.

Seu dom de pensar tem origem em Deus, que derramou sua sabedoria inesgotável sobre todas as criaturas humanas do universo.

7

A vida não é competição contra alguém. Aí está um engano, até muito generalizado.

Você não vai lutar contra alguém, nem mesmo em jogo de futebol.

Seus esforços não se dirigem contra alguém, ou alguma coisa, mas buscam, isto sim, alcançar o objetivo desejado.

Para atingir esta meta, usará a sua capacidade, a sua energia e a sua Força Interior.

O fim a que se propõe não é destruir, mas construir.

O que você quer, na verdade, é cumprir a sua missão da melhor maneira possível. Para isso, não está assestando a pontaria nos outros, mas em si mesmo.

Eis o princípio do desarmamento dos espíritos.

8

Diz o Gênesis: "Ainda que seja o dono da criação, o homem não deve destruí-la. Ele precisa admirá-la, explorá-la e conhecê-la." (2,20).

A criação do mundo é a mais bela e sábia página escrita sobre a existência de Deus, redigida de próprio punho, até mesmo para ninguém pôr em dúvida esta verdade.

Admitir que o mundo é obra do acaso, seria o mesmo que aceitar que seja possível jogar milhões de letras ao vento e, ao caírem, se alinharem a ponto de formar um dicionário perfeito.

Pense nisso.

9

Seja o filho pródigo de si mesmo: volte para a sua casa.

Depois de rolar pelo mundo afora, vivendo a sua própria alienação, eis que agora você retoma o caminho da sua casa interior, onde encontrará a paz tão ansiosamente procurada.

Tudo o que buscava fora, está dentro de si.

Ao penetrar o umbral da sua morada, seu espírito exultará e haverá banquete e muita festa.

Agora sim você satisfará seus anseios de felicidade, porque o Pai, que habita a sua casa, é a fonte de tudo.

10

Seja feliz hoje. Se esperar para amanhã, poderá estar adiando a felicidade para nunca mais, já que o amanhã não existe.

Seja feliz aqui e agora.

Diga para si mesmo: Eu sou feliz.

E acredite no poder infalível do "faça-se".

A palavra interior é o seu poder.

Como determina o bom senso, use este poder em seu benefício, até porque só você pode fazer você feliz.

11

O seu medo é a sua prisão. Mas, é bom saber que foi você que se meteu nesta cadeia. Assim sendo, pode sair dela quando quiser, ou seja, quando resolver mudar esse esquema mental negativo.

Crie uma afirmação positiva que signifique a libertação do medo e, pela sua mentalização constante, estará abrindo a porta da sua masmorra.

E será livre para sempre.

12

Água mole em pedra dura, tanto dá até que fura.

Aprenda esta lição da natureza e busque ser persistente no seu empreendimento.

Pouco importa a distância que o separa da meta, e menos ainda importa a avaliação dos possíveis obstáculos.

Jamais esqueça que há uma Sabedoria Infinita e um Poder Infinito envolvidos na realização do seu projeto.

A você pertence persistir.

Se prosseguir, chegará. Com certeza.

13

Dizem que o porco come e depois derruba o cocho que lhe deu o alimento.

Quando alguém depreda e destrói as múltiplas formas da natureza que o alimentam e lhe dão a vida, está se portando como aquele irracional.

Ame a natureza, pois, além do mais, ela é a sua vida.

Respeite a ecologia, o ritmo do ecossistema, a vida que se entrelaça em sábio ordenamento.

Você é o rei da criação para preservá-la e dela usufruir a recompensa.

14

Jesus pregou o desapego. Sim, o desapego da doença, do sofrimento, dos vícios, dos erros, dos defeitos, dos sentimentos de culpa, dos fracassos, da miséria, do egoísmo, das maldades.

Enquanto estiver apegado aos seus males, não o deixarão.

Agora desapegue-se deles. E crie nova vida, mentalizando paz, amor, saúde, abundância, felicidade, fraternidade, harmonia e bem-estar.

Enriqueça-se de qualidades e dons interiores.

Enriqueça-se de bens materiais, que o ajudarão a alcançar suas grandiosas metas na vida.

15

Horóscopo de hoje: desde o amanhecer, uma estrela guiará você nos negócios e relacionamentos. Será um dia de ótimos resultados. Sua inteligência e otimismo proporcionarão frutuosos contatos. Caminhos de progresso abrir-se-ão e o amor estará em maré alta.

Sua irradiação positiva fortalecerá a saúde.

Seu astral estará melhor do que nunca. As coisas virão de mão beijada.

Bem, agora esqueça a palavra horóscopo.

Saiba apenas que assim como você pensa, assim é.

16

– Se não vos tornardes como as crianças, não entrareis no reino dos céus – ensinou o Mestre.

De fato, é preciso que você cultive a simplicidade, a alegria, a leveza, a confiança, a transparência, o positivismo, a cristalinidade, o amor, o carinho, a vitalidade, a exuberância e a fé absoluta da criança, se quer alcançar o estado interior de reino dos céus.

A criança é o hoje, sem o ontem e o amanhã.

É a despreocupação que felicita a vida.

17

O ódio é como o vendaval: arrasa tudo o que existe de bom em você.

Aquele que conhece os malefícios do ódio, não quererá sequer ouvir esta palavra.

Por outro lado, amar é ser feliz.

Quando você descobre a destruição que o ódio produz em sua vida, amar se tornará um ato tão benéfico quanto simples e espontâneo.

Ame e será feliz. Sendo feliz, você irradia felicidade sobre a face da terra.

Como diz a Bíblia, escolha a quem hoje vai servir. Ao amor, sem dúvida nenhuma.

18

A sua mente é o centro do seu universo.

Ela comanda os pensamentos, o ato criador, a ação e movimentação do corpo, as atitudes frente à vida, as decisões do dia a dia, o sucesso e o fracasso, a colheita e a esterilidade, o mundo material, a comunhão com todos os seres e com Deus.

Aí está o princípio da sua realidade.

Dê à sua mente o valor e a atenção que lhe é devida.

19

A sua doença não caiu sobre você como golpe de fatalidade. É nada mais do que o efeito do estado mental negativo.

A mente sofrida e negativa atua desagregadoramente sobre o corpo, desintegrando, desarmonizando e deteriorando alguma função vital.

Como mente e corpo formam unidade perfeita, este sempre reage de acordo com os padrões mentais.

Mente positiva – corpo sadio.

Mente negativa – corpo doente.

Cure a sua doença a partir da sua mente.

Aí está a sabedoria.

20

– Se tu podes crer, tudo é possível ao que crê – assegurou Jesus.

Crer é a chave de tudo.

A ciência do Poder da Mente confirma em definitivo esta afirmação.

Crer é aceitar como verdade absoluta que o seu pensamento, sob qualquer forma que se manifeste, produz a realidade do seu conteúdo. Por exemplo, se você afirma que tudo é possível ao que crê, está entendendo que verdadeiramente assim é, sem dúvida nenhuma.

Você crê?

21

Quando você envida os maiores esforços para manter o vigor e a beleza, está buscando realizar o sedutor sonho da eterna juventude.

Não esqueça, porém, que juventude é estado mental.

Ser jovem e estar jovem é a forma exterior da substância mental.

A juventude é a expressão visível da realidade invisível existente no interior humano.

Mente jovem, cheia de alegria, de ideais, de entusiasmo, de amor, de bondade e de fé inabalável – envolverá o corpo nesta mesma energia.

Eis o elixir da eterna juventude.

22

Quando você diz que o mundo vai mal, na verdade quer dizer que você vai mal, porque o mundo é como você o vê.

Tire os óculos escuros, e então poderá ver o mundo como o fascinante paraíso terrestre que Deus criou para as delícias da humanidade.

Diz a Bíblia: "Ora, o Senhor Deus tinha plantado desde o princípio um paraíso, ou jardim delicioso, no qual pôs ao homem, que tinha formado". (Gen. 2,8).

Levante o seu astral e verá o mundo cada vez mais lindo.

É a sua alegria interior que dá beleza ao mundo.

23

Sempre que deseja criticar alguém, comece por você. Verá que vai sobrar pouca razão para esta empreitada acusadora que pretendia realizar, até mesmo porque é provável que o outro seja irritado porque você é irritante.

Torne-se agora uma pessoa complacente, agradável, positiva e tolerante.

Busque o lado bom dos outros, elogiando-os, e notará o milagre que vai ocorrer neles.

Mude a sua atitude em relação aos outros e eles também mudarão a atitude e conduta em relação a você.

24

A vida é uma festa. Nada de acordar carrancudo e rabugento.

Sorria, sorria.

Ouça o trinar dos pássaros, sinta a mensagem sussurrante da brisa, leia o poema de ternura escrito por Deus em cada flor, contemple com carinho e afeto a maravilha de amor e simplicidade que é cada criança – e repita que, de fato, a vida é uma festa.

Entre agora nesta festa e curta as ondas de alegria que vibrarão em todo seu ser.

25

Quando cometer um erro, ao invés de perder tempo em justificá-lo, ocupe-se em descobrir o melhor meio de consertá-lo e dele tirar o melhor proveito.

Justificar o erro é como dizer que o paciente morreu mas a cirurgia foi perfeita.

O que passou, passou.

Recolha as lições benéficas e positivas que possa extrair do acontecimento e acerte agora a direção.

Melhor fará você em aprender a carregar a caneca do que ficar chorando o leite derramado.

26

Tudo tem cura. Você é muito maior do que a sua doença. Esta nada mais é do que uma limitada desarmonia na grandiosa constelação do seu corpo, formado por trilhões de células vivas, poderosas e inteligentes.

A saúde já existe em você, uma vez que a matriz divina do seu corpo continua perfeita.

Use a energia criadora e positiva da mente para restabelecer a ordem e harmonia no seu corpo.

27

O mundo está mudando – e você? É tempo de revisar seus conceitos e crenças. Dê uma sacudida nos seus dogmas a ver se algum não está embolorado.

Cada ano é uma nova enciclopédia existencial e cada dia é uma aula de atualização. Admita que sua ideologia pode estar longe da verdade. Seja simples como as crianças na busca da saúde, felicidade e bem-estar.

Ouça o que a vida quer lhe dizer neste momento e descubra os ensinamentos que o mundo deseja oferecer aos seres humanos que fazem a História de hoje. A escrita de Deus é esta: "Se o fruto é bom, a árvore é boa".

28

Toda vez que você ofende ou calunia alguém, está explodindo uma bomba atômica em si mesmo e no universo.

Tudo o que você faz de bom ou de ruim reflete em você e no cosmo.

Se lhe fosse dado penetrar os arcanos do incomensurável, ouviria os aplausos ou as vaias do Infinito para cada ato seu.

O filósofo grego Sócrates já afirmava que quando você levanta um dedo está afetando a estrela mais distante do cosmo.

Veja a sua incrível responsabilidade.

Ame e o seu amor estará se irradiando pelo orbe sem fim.

Ilumine-se e iluminará o mundo.

29

Você ouviu muitas vezes ensinarem que se deve perdoar. Mais importante, no entanto, é ensinar a não ofender, pois, não existindo a ofensa, não há o que perdoar.

Elimine a causa do mal e não haverá o mal.

Seja amoroso, tolerante, positivo, nobre e cordial no reconhecimento do bem existente em cada pessoa. Agindo assim, possivelmente jamais necessitará conjugar o verbo perdoar.

Se o soneto for bom desde o início, não precisará de emenda.

Medite nisso.

30

Diz o ditado que a pressa é inimiga da perfeição. Há sabedoria neste axioma, já que a pressa é um estado de aceleração mental. Na medida em que a mente estiver agitada, aumentará proporcionalmente o ritmo cerebral, trazendo como consequência descontrole, bloqueio mental e incapacidade de raciocínio correto.

Lembre-se do que ensinou o Mestre: "Bem-aventurados os calmos, porque eles possuirão a terra."

A calma põe você em estado de lucidez e discernimento.

A calma abre o caminho para a sabedoria.

31

Vamos, entusiasme-se. O entusiasmo é a força motora de suas ações no rumo do sucesso.

O entusiasmo é como o acelerador do seu carro. O pé no fundo fará seu veículo arrancar, avançar e chegar lá. Assim atua a força do entusiasmo na realização dos seus projetos de vida.

Entusiasmo é vitalidade, é energia, é fogo, é vigor, é impulsão insuperável.

Enquanto existir entusiasmo, nada deterá você. Ele é o foguete que impele você para cima e para frente.

32

Você será muito mais benquisto na sua casa pela quantidade de sorrisos que distribui do que pelas notas de dólares que trouxer. Os dólares tornam bonita a sua casa; os sorrisos tornam felizes os moradores.

Desarme o espírito. Sorria por tudo e por nada.

O seu sorriso contagiará os familiares e todos sentir-se-ão maravilhosamente bem, junto de você.

Em tempo: seja também a favor dos dólares, mas a alegria na família é essencial.

33

Um dos maiores males de hoje é o estresse, que se caracteriza pela irritabilidade, descontrole diante de situações adversas, incapacidade de calma e ponderação, insônia, depressão.

Neste caso, você é o problema.

Por mais razões que tenha para este estado de estresse, você está afligindo e perturbando desmedidamente a si mesmo e as pessoas ao seu redor.

Pare e medite.

Vale a pena tomar decisões radicais para acabar com essa doença.

Desacelere seu ritmo. Pratique esportes. Saia de férias. Durma bem. Seja calmo em todas as circunstâncias. Relaxe diversas vezes por dia. E exercite a alegria.

34

Inicialmente, você ama a beleza de alguém; depois, o coração afetivo da pessoa; por fim, passa a amar as qualidades da pessoa. Ao alcançar esta fase da vida, sua mente está bastante evoluída e tem contato mais profundo com a Sabedoria interior.

Você percebe que são as qualidades que criam os liames de um relacionamento duradouro e dão as melhores condições para o bem-viver.

Imagine, na pessoa amada, as qualidades do amor, da alegria, da bondade, da compreensão, do carinho, da singeleza, da sinceridade, da prestimosidade, da colaboração, da justiça, da magnanimidade, da paciência, do entusiasmo, da fé, do bom humor e da irradiação positiva. Dá para resistir?

Em tempo: ninguém é perfeito. Não esqueça.

35

Pense que suas palavras são vibrações positivas ou negativas, que afetam você mesmo, as pessoas ao redor e o ambiente.

Examine-se um pouquinho agora e verifique se suas palavras são realmente positivas, saudáveis, bem-intencionadas e benéficas.

Seja honesto neste exame, ainda mais que ninguém está lhe pedindo para responder em público.

Acima de tudo, decida-se a emitir, daqui para frente, apenas vibrações positivas.

Este exercício fará de você a pessoa mais benquista do planeta.

36

Quando o assunto da conversa entra em ritmo de discussão – e isso é coisa de toda hora – bastas vezes produz-se a radicalização de lado a lado, que, não raro, termina com acusações mútuas do tipo: Você é radical, egoísta, teimoso que nem uma mula, intratável como ninguém.

Você percebe que esse caminho é desinteligente.

Calma e ponderação se fazem necessárias.

O impasse pode ser solucionado desta maneira: primeiro, cada um defina o seu ponto de vista; segundo, vejam em que aspectos estão de acordo; terceiro, procurem a solução que satisfaça a todos.

Nada melhor do que aguçar a criatividade positiva.

37

Imagine um homem tendo nas costas, noite e dia, uma carga insuportável de pedras.

– É um doido – dirá você.

Não seja tão afoito na resposta, pois, se você está carregando seus traumas, complexos, medos, preocupações e desacertos da vida passada – é exatamente como aquele homem.

Suponha a sua mente como um computador: mude agora a programação, mentalizando somente a solução e o que deseja e espera de si. Seus pensamentos produzirão sua nova realidade.

Nada mais simples.

38

– Você ama?

– Não, não tenho ninguém – talvez responderá.

Amor, no entanto, é estado de ser, é qualidade interior, por isso não depende de ter ou não ter alguém na vida.

Amor é estado mental e sua mente está no âmago do seu ser. Só você é a causa do seu amor.

O amor é ou não é em você, independentemente de estar sozinho ou acompanhado.

Cultive esta qualidade insubstituível. Ilumine-se de amor e sentirá uma vibrante energia de felicidade dentro de si.

39

O que é o amor, em sua essência, já que é estado de ser?

Amar é estar bem consigo mesmo, com a humanidade, com o universo e com Deus.

Amar é sentir imensa alegria de viver; é o prazer de existir; é curtir a vida; é a plenificação do seu ser total.

Amor, em si mesmo, é sinônimo de felicidade, que por sua vez é sinônimo de reino dos céus.

Amar é ser feliz.

40

Filho de tigre, tigrinho é – reza o ditado popular.

Deus é a origem de todos os seres, inclusive você.

Deus é a felicidade.

Como você é originário de Deus, significa que você nasceu da Fonte Infinita da Felicidade; logo, você é felicidade.

Nasceu feliz para ser feliz.

Mas, você é realmente feliz?

A resposta indica se está no caminho ou no descaminho.

Uma verdade: toda hora é hora de ser feliz.

Volte ao caminho. Agora.

41

Se um desafeto estender-lhe a mão, cumprimente-o, pois não existe pior insensibilidade e desinteligência do que recusar a mão estendida pelo outro, até porque qualquer ignorante sabe que cumprimentar não significa aprovar tudo o que o outro faz ou pensa. Você simplesmente está cumprindo um gesto humano, positivo e de boa educação.

Ao retribuir um gesto amigável, está transcendendo as maldades porventura existentes na relação. Mais do que isso, está alcançando a Divindade imanente em cada criatura humana.

Isso é sublimação.

42

Ponha sol no seu coração.

Esta é uma imagem perfeita para que você entenda que seu coração deve estar iluminado, vibrante, alegre, radiante e irradiante.

Ponha sol no seu coração.

Seu coração – físico e afetivo – é o centro vital do seu ser.

Assim como o sol, o seu coração há de ser calor e luz, isto é, energia superior, pois aí está a sua força e a sua vida.

Ponha sol no seu coração.

43

O mundo vai mal?

Não, não é verdade.

Existem bilhões de criaturas fazendo a beleza e o encanto do mundo.

As borboletas, os pássaros, os animais, as flores, as montanhas, as galáxias, os peixes, as plantas, continuam cada vez mais lindos, gerando a beleza e a alegria do universo.

E convidam você a fazer parte dessa maravilha cósmica.

Como?

Irradiando amor e alegria.

44

Não faça elogios falsos ou com segundas intenções, porque, mesmo que a mente consciente do outro não perceba o embuste, jamais passará despercebido à mente subconsciente.

Na sua sabedoria interior, qualquer pessoa diferencia o elogio cristalino e sincero, do elogio falso ou que busca unicamente retribuição de qualquer espécie.

Todos sabem que nem tudo o que brilha é ouro.

O elogio que visa apenas quem o dá e não o destinatário, é como oferecer presentes para comprometer a pessoa a retribuir com favores.

Seu elogio seja franco, verdadeiro, bem-intencionado, desinteressado.

45

Não pare no meio do caminho, a não ser para recobrar forças, ou para impor maior impulsão à sua avançada destemida.

O sucesso – dizia alguém – é como o caminho da casa: se você para, ou volta atrás, nunca chega lá.

Vá em frente, pois.

Mesmo que não enxergue o final da escada, continue subindo.

O caminho se faz caminhando – diz um velho ditado.

Seguindo em frente, você chegará.

Com certeza.

46

Faça hoje um inventário das suas qualidades.

Se não somar pelo menos cinquenta qualidades, não se examinou profundamente, ou não está sendo sincero consigo mesmo.

Tenha a certeza de que você é muito melhor do que se imagina.

Há qualidades escondidas no fundo do porão e só quando você joga luz sobre elas é que são vistas e reconhecidas.

Escreva suas qualidades, valores, dons, aptidões, numa folha de papel, e releia-os muitas vezes, para que brilhem diante de si.

Seja generoso consigo mesmo.

47

- Não vos preocupeis com o dia de amanhã; não vos preocupeis com o que haveis de comer e com o que haveis de vestir – recomendou sabiamente o Mestre.

Sim, está certo, você deve ocupar-se com o comer e o vestir e não se preocupar.

Pre-ocupar-se – diz a palavra – é ocupar-se antecipadamente. Esta ação mental vai produzir sofrimento diante de um fato que não existe.

Aí está a irracionalidade.

A vida, na verdade, é muito mais simples: o presente e o futuro são resultado dos padrões mentais.

Preocupação é ignorância.

A sua vida futura obedece a leis matemáticas: você colhe o que semeia. Nada mais.

48

Importa a você o nome que dá a Deus?

Faz-lhe diferença dizer Pai Celestial, Presença Infinita, Ser Superior, Deus, Divindade, Infinito, Altíssimo, Mente Cósmica, Criador, Poder Infinito?

Afinal, quem é Deus?

O dia em que algum sábio conseguisse defini-lo, Deus não seria mais Deus, porque o Infinito jamais caberá dentro do finito.

Deus é reconhecido pelas suas manifestações.

"Aquele que é" – declarou-se Deus a Moisés.

Aquele que é nas plantas, no vento, nas estrelas, nos seres do Universo, nas criaturas humanas, nos átomos, nas células, em tudo.

Nada mais simples.

49

Está nascendo um novo mundo.

Levante os olhos, abra os ouvidos, ausculte a mente, inquira os céus - e ouvirá a Voz interior que lhe falará de amor, de paz, de felicidade, de fraternidade, de saúde e de abundância inesgotável.

Siga em frente decidido e ousado.

A fortuna ajuda os audazes – dizia o imperador César.

Aperte o passo, ilumine suas perspectivas, conquiste o eldorado que existe no seu coração, percorra a estrada do espírito e, de repente, encontrará o próprio Deus dentro de si. Então abençoará a vida e tudo que existe.

50

Para cada lágrima de sofrimento você tem direito a uma lágrima de alegria, desde que não fique caído à beira do caminho a lamentar a sua triste sorte.

Para quem entende a justa ordem do universo, o sofrimento não é meramente sofrimento, caído sobre você como fatalidade do destino, mas é o espaço existente entre a porta que se fecha e a outra que se abre.

Se não abrir a outra porta, seu sofrimento será sem fim.

Se entrar logo, suas lágrimas transformar-se-ão em imensa alegria, pois alcançou um estágio maior e melhor do que o anterior.

Por isto, disse o Mestre: "Bem-aventurados vós que chorais – haveis de rir."

51

Se você quer ter um círculo imenso de amigos e amigas, por toda parte, encontre sempre motivos para elogiar alguém.

O elogio honesto e verdadeiro que fizer a uma pessoa, atingirá furtivamente a sensibilidade do coração e a profundidade da memória.

Veja o que há de bom e o que aconteceu de melhor nos outros e diga-lhes.

O elogio é vitalizante como o sol.

Elogie, e você será sempre presença desejada e benquista.

52

Não há tempestade capaz de arrancar uma árvore cujas raízes fincam fundo na terra.

Não há situação, por mais aflitiva que seja, capaz de arrancar a paz e a felicidade plantadas nas profundezas da mente.

Morre a semente que for jogada na estrada, nas pedras, nos espinheiros, mas vive e produz frutos permanentes a semente plantada nas entranhas da mente.

O que permanece na mente, permanece na vida.

O que permanece na vida foi plantado com raízes nas profundezas da mente.

53

Somente aquele que é seguro de si tem a capacidade de ser tolerante e simples. Da mesma forma, unicamente o que sabe que tem dentro de si a fonte e o depósito de tudo, consegue ser desapegado dos bens terrenos.

Parece paradoxal, mas é o óbvio: quanto mais água tem o poço da sua casa, mais despreocupado estará você com a água. Você estará completamente desapegado da preocupação com a água exatamente porque o precioso líquido não lhe fará falta em tempo algum.

No momento em que o ser humano mergulha nas riquezas materiais do universo, pelo conhecimento da Lei ensinada por Jesus de que tudo o que se pede se alcança, torna-se ele despreocupado e desapegado.

Medite nisso.

54

Não fique aí reclamando de tudo e de todos, como se algo ou alguém pudesse barrar o seu caminho.

O seu caminho é somente seu, dá para entender?

Se é seu caminho, não é de mais ninguém, a menos que você o torne um terreno baldio.

Siga pela estrada ensolarada, grandiosa e bela dos seus ideais. Ao realizar seus projetos mentais, estará percorrendo vitoriosamente a trajetória da sua vida.

Não hesite. Vá em frente.

O que é seu lhe pertence desde toda a eternidade.

55

– Olhai os lírios do campo – sugeriu o Mestre.

Siga literalmente este mandato, pelo menos hoje.

Contemple as flores que embelezam o seu caminho. Aproxime os olhos de uma delas e busque ver, ouvir e sentir a suavidade do seu frescor, a harmonia do todo, o fascínio do seu mistério, a genialidade do feitio, a delicadeza, as nuances, o inefável colorido, a nobreza do porte, a desproteção total, o desapego da vida, a libertação de si mesma, a magia divina do seu encanto.

Ainda bem que Deus é Deus, caso contrário o mundo poderia ser uma pedra.

56

Diz a Bíblia que o espírito é forte, mas a carne é fraca.

Essa afirmação deve ser passada para aqueles que seguem apenas os impulsos da mente, sem dar-se conta de que o corpo é forçado a acompanhar o mesmo ritmo.

A força da mente é ilimitada, mas o corpo é por demais limitado: precisa de descanso, boa alimentação, sono natural, exercícios físicos, sol, lazer.

É indispensável dar ao organismo o tempo necessário para refazer as energias, senão entrará em colapso.

Seja justo e amoroso com seu corpo.

57

Quanto lhe custou aprender a ler? Praticar a cirurgia? Fabricar chocolate? Cozinhar um bacalhau com batatas ao murro? Construir uma casa? Montar uma loja? Exercer o jornalismo?

Por que se angustia, então, se o aprendizado da vida está lhe custando algum preço meio salgado de vez em quando?

Encare desta maneira os erros, os fracassos, os sofrimentos: são os sacrifícios naturais do aprendizado.

Erro não é errar: é nada aprender com ele.

Erro é escola. Pode custar um pouco caro, mas nem por isso será motivo de negativismo.

Erro, em última análise, não é erro: é um método de acerto.

58

Gostaria que alguém pintasse, às escondidas, toda a sua casa de preto?

Quando você fala mal de alguém, está pintando de preto a casa desta pessoa.

Desse jeito, está tornando o mundo cada vez mais feio e indesejável.

Daqui para frente, torne o mundo mais agradável e bonito, pintando de qualidades coloridas a casa dos outros.

Você será a primeira pessoa a se beneficiar dessa obra de arte.

Faça aos outros o que deseja que façam a você.

59

Calma com o andor, que o santo é de barro – diz o ditado popular. Em outras palavras, não aja como elefante em loja de louça.

Seja bem-educado.

Veja cada ser humano como filho de Deus perfeito e não um produto estranho e inferior.

Tenha a delicadeza de imaginar a pessoa que está junto de si como amiga muito querida.

Saiba que as pessoas sentem o fluxo dos seus pensamentos e sentimentos. Se desejar colher amizades, trate bem os seres de suas relações. Sim, trate o outro como se o outro fosse você. E, na verdade, o outro é você, pois somos um neste lindo e harmonioso universo de Deus.

60

Vamos, levante o astral. Lembre-se que, após a tormenta, sempre raia o mais lindo dia de sol. Você sabe, também, que a noite inexoravelmente cede lugar ao dia.

Não fique parado no ontem.

Hoje é outro dia. E quem determina o dia de hoje é você.

Seja inteligente: use o seu Poder Infinito para criar um novo dia alegre, maravilhoso, ensolarado, produtivo e feliz.

É você que faz o seu dia.

Faça-o grandioso, como você merece.

61

Suponha-se andando de trem, junto à janela, a contemplar as belezas das paisagens que se sucedem diante de seus olhos: você as admira, sonha, vibra, mas prossegue a viagem com a atenção voltada para a estação aonde deseja chegar.

Qual é a estação do seu desembarque? A aposentadoria? Uma casa de praia? Um carro? O dia em que todos os filhos estiverem casados? Quando completar cinquenta anos? O momento em que se tornar milionário?

Esqueceu um detalhe: a estação não existe.

Existe apenas o dia de hoje. A vida é hoje.

Curta o dia de hoje como se fosse a última estação.

62

Pare de sofrer. O sofrimento é mental e você exerce domínio sobre a mente.

A dor pode ser física, mas o sofrimento é mental.

Talvez você esteja sofrendo por causa de ofensa, de fracasso, de ingratidão, de críticas, de notícias, de incompreensão, de acontecimentos, de doença.

Nada de sofrer. Simplifique a vida, extraindo a lição positiva que todas as situações encerram e sublime o episódio.

Aceite naturalmente as fragilidades e limitações da vida. Respeite a filosofia de vida dos outros. Em muitos casos, eles podem estar certos e você equivocado.

Enfim, mantenha a mente positiva. Sempre.

63

– A fé remove montanhas – assegurou o Mestre.

Nada está perdido, portanto.

O que você tem a fazer, neste momento, é acalmar-se, respirar fundo diversas vezes, e, por fim, refletir sobre a verdade ensinada por Jesus.

Não importa o tamanho da sua desgraça. O que importa é saber que a solução existe e que é muito maior do que a dimensão do impasse.

Reconheça que não é a mente racional que vai remover a montanha, até porque já tentou inutilmente.

- Ao invocar-me, eu ouvirei e atenderei – disse Deus, na Bíblia.

Você pode, se acredita que pode.

64

O mundo exterior é sempre visto através da mente.

Mente alegre vê o mundo alegre.

Mente triste vê o mundo triste.

Mente feliz vê o mundo feliz.

Mente aborrecida vê o mundo aborrecido.

A sua experiência de todos os dias confirma esta verdade.

Pois, então, como ensinou o Mestre, ponha o reino dos céus na sua mente e o mundo será um imenso reino dos céus, repleto de felicidade, alegria e bem-estar.

Ilumine-se e o mundo será iluminado.

Aí está a sabedoria.

65

Certa vez, um relógio começou a preocupar-se: "Tenho que bater duas vezes por segundo, 120 vezes por minuto, 7.200 vezes por hora, 172.800 vezes num dia e 63.072.000 vezes num ano. Meu Deus, em dez anos terei que bater 630.720.000 vezes. Ah, não posso! É demais!"

Desesperou-se.

De repente, num lampejo de sabedoria, ponderou:

– Não posso bater 630.720.000 vezes, mas posso perfeitamente dar as duas pancadinhas deste segundo.

Foi o que fez tranquilamente.

E, há vinte anos, continua dando essas duas pancadinhas por segundo.

Se você consegue entender, entenda.

66

Trabalho não é sacrifício. É simplesmente ação mental ou física.

Por exemplo, comer um prato saboroso, escrever uma carta, ler um livro, compor um poema, calcular preços, carregar um caminhão, conversar com um cliente, fabricar um lápis, pesar uma mercadoria, fazer amor, beijar alguém, rezar uma prece – tudo isso é ação mental ou física, portanto entra na definição de trabalho.

O prazer ou desprazer que lhe causa uma ação é determinado pela mente.

Gostar do trabalho é estado mental.

Como você domina e conduz a sua mente, goste do seu trabalho e ele será fonte perene de prazer.

67

– Eu e o Pai somos um – revelou o Mestre.

Esta verdade existe em você também.

– O Pai celestial habita o teu secreto – ensinou-lhe Jesus.

Fantástico!

A conclusão é evidente: já que é uno com o Pai, desta união indissolúvel resulta que você tem o poder do Pai Celestial.

O que o Pai pode, você pode, respeitada, é óbvio, a distância que separa o finito do infinito.

O seu poder atinge o infinito do seu finito, se é que se pode falar assim.

Daí que disse o Mestre: "Tudo o que pedirdes ao Pai, em oração, crendo, alcançareis".

68

Digam o que disserem, você é uma pessoa boa. Não adianta quererem desfazer as suas qualidades. Mas, é preciso que você reconheça essa verdade. Sim, não seja daqueles que usam óculos escuros para verem a si mesmos.

Quem sabe de você é você.

Você tem valores inimagináveis.

Olhe para si com inteligência, carinho, paz e calma, e terá a certeza de que é uma pessoa de bom coração, de elevados sentimentos e cheia de boa vontade.

Este retrato fiel da sua realidade há de estar sempre na sua mente.

69

– Ama e faze o que quiseres – escreveu Agostinho de Hipona, filósofo, teólogo, pensador, doutor e santo da Igreja, que viveu por volta do ano 400.

Atente bem para o que ele afirmou: – Ama e faze o que quiseres.

O amor liberta, ilumina, engrandece o ser humano e torna sábia a sua mente.

Amor – segundo ele – é o bem e o bem não contém erro.

Amar é seu destino. Amar é a mais perfeita oração. Amar é a síntese de tudo. Amar – disse Jesus – é a Lei e os profetas.

70

Aprenda a lição da natureza: existem dias severos de tempestades e vendavais, mas também ocorrem dias de sol, dias de agradável temperatura, dias de brisa refrescante.

Não diga que a vida é apenas rigorismo e austeridade, sem concessões, como o fazem alguns ascetas sombrios.

Abra-se para o sol da alegria, da descontração e do bom humor.

Um santo triste é um triste santo – já se dizia antigamente.

Vamos, relaxe, brinque com a vida, que ninguém é de ferro.

71

Tem você certeza de que este julgamento que está fazendo sobre aquela pessoa é correto?

Impossível.

Seu juízo só seria verdadeiro se pudesse entrar dentro da cabeça do outro e ler a totalidade dos pensamentos.

Jamais alguém conseguirá tal empreitada.

Então, vão é o seu julgamento.

Ouça o Mestre: "Não julgueis e não sereis julgados e com a medida com que medirdes sereis medidos".

72

Se é verdade que você não é mais do que os outros, também é verdade de que não é menos que ninguém.

Jogue fora o complexo de inferioridade.

Não seja míope consigo mesmo.

Sempre que meditar sobre sua vida, afirme resolutamente que é filho de Deus perfeito.

Você tem dentro de si todas as suas qualidades reais e mais as qualidades potenciais.

Reconheça a sua dimensão superior e relembre que Deus habita o seu íntimo.

73

Diga para si, neste momento: Eu sou feliz.

Agora se imagine neste estado mental. Use toda a força e criatividade da visualização para colocar-se em pleno estado de felicidade.

A imaginação é o seu grande poder criador.

Você se transforma exatamente no resultado da sua imaginação.

Anatole France dizia: "De nada vale saber – imaginar é tudo."

O grande sábio da Bíblia Salomão ensinou que assim como você imaginou na sua alma, assim é.

Ao imaginar-se feliz, já é feliz. Pois a mente faz o ser.

74

Será que você tem prevenção contra a prece? Pode ser, mas, nos momentos de perigo, sua alma entra instintivamente em oração. É sinal de que se trata de uma forma natural de ligação indestrutível entre a criatura e o Criador, entre o poder limitado e o Poder Infinito, entre a água e a Fonte.

Assim como não existe o filho sem existir o pai, não há criatura humana que consiga romper definitivamente sua relação vital com o Pai criador e autor da vida.

A prece, portanto, é ato de suprema inteligência.

75

Ame o próximo, sem esquecer que o seu próximo mais próximo é você.

Você só pode amar os outros se, antes de tudo, amar-se a si mesmo.

Se está sacrificando e prejudicando a sua vida em dedicação aos outros, comete grave equívoco, até porque um dia obrigará os outros a sacrificarem-se por você, já que não cuidou de si, como era de sua inteira responsabilidade.

Aos outros você dará o que já possui. Dará saúde, se a possui. Dará alegria e energias positivas, se as tem.

Cumpra o primeiro mandato: ame-se.

76

Através da mente consciente, Deus lhe deu o poder de criar, projetar, descobrir, imaginar, pensar, analisar, amar, decidir, compreender, saber, inventar, comunicar, meditar, orar, mentalizar, escolher.

Através da mente subconsciente, Deus lhe deu o poder de realizar, cumprir, executar, produzir, ter, ser, materializar, fazer e acontecer.

Isso é tudo.

Viva a Sabedoria divina!

77

É claro que não é tão fácil relevar a ofensa recebida. Em todo caso, a primeira coisa a fazer é esperar que a ofensa seque. É muito mais fácil retirar a mancha de barro quando estiver seca.

O segundo passo é jogar fora esse barro seco. Longe de você jamais o perturbará.

E o ofensor?

Tenha pena da sua falta de formação. Não esquente a cabeça. Deixe para lá. No fundo, o ofensor é uma pessoa boa e, por certo, já está arrependido do que disse.

Seja maior do que a ofensa.

78

Só há verdadeiramente duas explicações para a pobreza de qualquer pessoa: é pobre porque quer ou por ignorância.

O próprio Jesus ensinou claramente a Lei da Opulência, quando pontificou: "Pedi e dar-se-vos-á, porque todo aquele que pede recebe."

Note bem: Todo aquele que pede recebe.

Disse ainda o Mestre: "Vim para que tenhais vida e vida em abundância". Não afunde, portanto, em ideologias ou teologias que empobreçam a vida e o mundo.

Você é o autor da sua vida. Peça o que quer e o seu pensamento se materializará.

79

Deus não castiga você. A maneira pela qual Deus rege a vida é através de Leis.

A justiça e equanimidade de Deus, por exemplo, se manifestam pela Lei de Causa e Efeito: o bem produz o bem; o mal produz o mal.

Todo efeito tem a sua causa correspondente e toda causa se expressa pelo efeito que dela resulta.

Cada ato humano se paga a si mesmo, por isso você sempre tem a sua justa paga por tudo o que faz na vida.

Como ensinou o Mestre: "Toda árvore boa produz bons frutos; toda árvore má produz maus frutos".

Em outras palavras: você colhe o que semeia.

80

As grandes realizações são devidas a homens que pensam grande.

Você, a sua vida e as suas obras, têm o tamanho dos seus pensamentos.

Pense grande e será grande.

Sonhe alto e acredite que seus sonhos grandiosos se tornarão realidade. E assim será, porque esta é a Lei.

Nós somos o que pensamos.

Não há privilegiados na vida. Há, isto sim, os que acreditam na realização dos seus sonhos maravilhosos.

Faça você o mesmo.

81

– A Verdade vos libertará – garantiu o Mestre.

Esta afirmação é a chave da vida humana.

Pense no quanto você é amarrado por crenças, conceitos, dogmas, pregações, ameaças, obrigações e temores.

Tem certeza de que este acervo jogado sobre você é legítimo?

Como saber onde está a Verdade?

Por mais incrível que pareça, a Verdade está nas profundezas mais recônditas do seu ser. Ao atingi-las, estará em contato com a Sabedoria Infinita.

Aí reside a Verdade inequívoca, indestrutível, cristalina.

Quem bebe na fonte, bebe água limpa.

E você se sentirá livre para sempre.

82

Você não está sendo justo e nem razoável se não gostar de si, como acontece com tantas pessoas, até mesmo com belas estrelas do cinema.

Sem dúvida nenhuma, você é uma criatura linda, de uma beleza única, original, inimitável.

Os pintores criaram milhões de quadros e cada pintura tem a sua qualidade, a sua beleza e o seu valor.

Todos os seres humanos – inclusive você – são obras-primas inigualáveis, do grande Artista Divino.

Você é um ser único, original, com luz própria, uma estrela essencial na constelação do universo humano. Então, ame-se.

83

Era uma vez um sapinho tão delicado e sensível, que vivia num vasinho de cristal, escondido e triste.

Há muitos sapinhos humanos por aí. Seria você um deles? Pode vestir esta carapuça se é uma pessoa cheia de não-me-toques, sensível a tudo e a todos.

Se isto acontece consigo, mude agora mesmo de atitude e pare de sentir pena de si e de se queixar dos outros e da vida.

Assuma o comando da sua vida. Reconheça a sua dimensão superior e crie novos padrões de pensamentos positivos e autovalorizantes.

Seja outra pessoa a partir de agora.

84

A vida é linda porque você existe.

Levante a sua mente, contemple as maravilhas da criação e sinta-se envolvido pelas belezas deste mundo de Deus, cheio de encantamento e ternura.

Desfrute este momento. Ele é único, jamais voltará.

Este milagre de interação com o universo só é possível porque você existe.

Celebre este inefável milagre de felicidade.

Cante a vida e bendiga a Divindade que criou você.

85

Se o comandante da aeronave mudar a rota, o avião o levará para outro destino.

Se você alterar o conteúdo dos seus pensamentos – seu subconsciente o conduzirá para este novo destino.

Com isto você está compreendendo que a sua realidade e a trajetória da sua vida são determinados pelos seus pensamentos.

Alinhe a sua aeronave mental para o sucesso e indiscutivelmente aterrissará no aeroporto do êxito.

Pense felicidade e chegará à cidade benfazeja da Felicidade.

Pensar é ser.

Pensar é ter.

Pensar é viver.

Seja bom – só por hoje.

Imagine que, neste instante, está tomando um banho de bondade. Mergulhou na Bondade Absoluta e impregnou-se dela.

Agora você é pessoa do bem, bom companheiro, agradável, compassivo, tolerante, amável, tranquilo, respeitoso, prestativo.

Seu bom coração é irradiante como o sol.

Você vê – já que é bom – apenas as qualidades dos outros, elogiando-as prodigamente.

Tenha a certeza de que este dia será uma aventura inesquecível.

Que tal continuar assim amanhã? E sempre?

87

Sua mente não é um saco, que aceita tudo. Muito menos lata de lixo.

Há uma Sabedoria interior, que deve ser usada como instrumento de verificação toda vez que alguma ideia for jogada na sua cabeça.

Você tem o dom do discernimento. Selecione somente aquilo que vai enriquecer a sua vida.

Você não pode obrigar os outros a lhe falarem unicamente verdades benéficas, mas pode recolher para si somente o que lhe faz bem.

Seja você mesmo e, a partir da sua autonomia, pense, raciocine, analise e decida.

88

Quando você se vê assoberbado com os afazeres e complicações do dia e perturbado com os problemas a serem resolvidos, medite:

– Eu sou o que sou agora, porque só existe este momento. Passado e futuro não existem, portanto não me preocuparei com o nada.

Neste instante, sou calmo, alegre e confiante.

Invoco a Sabedoria Infinita, que habita o meu ser, para conduzir-me seguramente à solução sábia das dificuldades. Tenho certeza de que Deus agora está me colocando no caminho do sucesso. Minha vida estará cada dia melhor e melhor.

Assim é e assim será.

89

– Abençoarei quem te abençoar e amaldiçoarei quem te amaldiçoar – disse Deus, na Bíblia.

Eis a declaração da Lei do Retorno.

O bem que alguém fizer a você será abençoado e se multiplicará na vida do benfeitor; o mal jogado sobre você, retornará ao que o remeteu e tornar-se-á maldição para ele.

Não perturbe, portanto, o seu coração diante de perseguições, calúnias e maldades. Reverterão sobre seus autores, posto que cada cheque falso retorna ao emitente, com multa e penalidade. Essa é a Lei.

A você pertence abençoar sempre. E será sempre abençoado por Deus.

90

Dizem: Se correr o bicho pega; se parar o bicho come.

Não é verdade. Tudo tem solução. Um ser, portador de Poder Infinito, jamais ficará acuado, sem ter saída nenhuma. Esta mentalidade é fruto da ignorância.

Pode ser que sua mente consciente não encontre solução à vista, mas isto não quer dizer que não exista solução. Considere, ainda, que a mente consciente, objetiva e analítica, é uma minúscula parcela da mente.

Nas dimensões superiores da sua mente há uma Sabedoria Infinita, que sabe a solução; e há um Poder Infinito que – invocado – realiza a solução.

Pense nisso.

91

Imagine-se entrando numa sala onde estão os seus familiares e amigos.

Se a sua presença for irradiante, todos os rostos se iluminarão, como se você tivesse acendido uma lâmpada, e expressarão agrado e alegria.

Você é luz. Não a oculte nos porões do seu ser, mas faça como ensinou o Mestre: coloque-a sobre a mesa, para que brilhe, ilumine, abranja e eleve a todos.

Não existe companhia mais agradável e benéfica do que a de uma pessoa alegre, descontraída, feliz e positiva.

Se você se julga jogado num mundo de competição – leal ou desleal – a sua vida se torna uma luta e você se obriga a passar o tempo todo atacando ou contra-atacando. Neste caso, colherá estresse. Indo contra a correnteza, cairá em exaustão.

Compreenda a vida positivamente: você foi criado por Deus para continuar a obra grandiosa da construção de um mundo cada vez melhor.

Seu empreendimento é o seu contributo para uma humanidade mais feliz e bem servida, por isso colocará ânimo, inteligência, dons, capacidade, formação, garra e ousadia. Assim, colherá alegria e entusiasmo.

Escolha o melhor caminho.

93

Piada não ofende? Claro que pode ofender.

Não conte piadas que desmereçam uma pessoa de sua roda de conversa.

Às vezes, o marido joga no ridículo a esposa diante de amigos e convidados, ou vice-versa. Isto é constrangedor. Após as risadas, impressiona mal.

Antes de qualquer brincadeira, coloque-se no lugar do outro. Suponha-se o alvo da piada: se não gosta, não conte.

Desta maneira, sua conversa será sempre apreciada, porque você contribui para uma convivência agradável, bem-humorada e alegre.

94

Você é o que é a sua mente. Atente para esta verdade.

Provavelmente, você se ocupa e preocupa muito com seu trabalho, com seu corpo, com seu clube, com seu vestuário, com sua lavoura, com sua obra de arte, mas lembre-se que você é o que é a sua mente.

Dê toda atenção possível ao conteúdo da sua cabeça, pois onde estiverem seus pensamentos, aí estará a sua vida.

Mente feliz – vida feliz.

O resto é acréscimo, por mais importante que seja.

95

Compreenda que a força mais poderosa para a cura da depressão e do desânimo está na sua própria mente, ao contrário daqueles que a colocam nos comprimidos e remédios.

Depressão é estado mental negativo, que será superado e curado quando você criar um estado mental positivo e alegre.

Os comprimidos, bastas vezes, inibem a mente, impedindo-a de usar a sua grande força salvadora.

Use o poder da sua palavra interior e liberte-se de todos os males mentais.

Faça a prova a partir de agora. Com fé.

96

Para você alcançar o reino dos céus é preciso renascer – frisava o Mestre.

Sem renascer pela água interior, que lava todo o seu passado, e pelo espírito, que é o Poder e a Sabedoria Infinita, você continuará vivendo nas trevas de um mundo velho, enferrujado, ultrapassado e infeliz.

A água traz a limpidez original.

O espírito é a Luz, a Sabedoria interior, a felicidade, o Poder Infinito, a Fonte.

O espírito, na verdade, é a origem da vida. Nele não existe temperamento, nem mentalidade, nem personalidade, nem medos, nem traumas, nem crenças, nem programação mental de qualquer espécie.

Renascer é o grande salto.

97

Desperte a sensibilidade, virtude que leva você a enxergar os valores existentes em cada pessoa.

A sensibilidade negativa é a exacerbação da mente diante dos males e desacertos dos outros. Esta desemboca na mágoa, no ódio, na vingança, na angústia, na depressão. Mas, a sensibilidade positiva reconhece e clarifica o bem, as qualidades, a boa intenção, a boa vontade, os valores, os bons sentimentos existentes em cada ser humano.

Cultive esta qualidade tão importante para a convivência cordial e harmoniosa.

98

Faça agora uma experiência interessante: concentre a sua atenção na testa. Se a sentir comprimida, apertada, tensa, há algo negativo em você, que é preciso descarregar.

Ponha luz sobre este submundo e o problema saltará.

Agora crie o antídoto da preocupação: imagine-se de posse da solução e vivenciando os resultados benéficos.

Para onde forem seus pensamentos, para aí irá a sua vida.

Mais simples impossível.

99

A beleza material jogada na escuridão do sótão, não é vista e nem apreciada. Da mesma forma, a beleza do seu corpo não será vista e apreciada se estiver escondida num quarto escuro.

É a luz da sua mente que ilumina o seu corpo.

Mente sombria – corpo sombrio.

Mente iluminada, positiva, feliz – corpo iluminado, irradiante, bonito, cheio de vida.

Corpo bonito é efeito de mente bonita.

O interior revela o exterior.

Eis a chave da beleza.

100

Assim como os rios correm para o mar, todos os seres humanos correm para o Infinito.

O corpo poderá estar preso ao chão, mas a mente sempre voa naturalmente no rumo das regiões superiores.

Mesmo teimando em manter os olhos abaixados, você sente a saudade incontida das alturas, do reino dos céus, da felicidade indizível e sem fim.

Como dizia Agostinho de Hipona: "Fizestes-nos para vós, Senhor, e o nosso coração não descansará enquanto não repousar em vós."

Não se trata de religião, mas daquele estado de libertação interior que impele a mente às dimensões extasiantes do Infinito.

101

Seja flexível. Sua rigidez implacável torna você ditador de si mesmo e dos outros.

Por favor, viva e deixe os outros viverem.

Seja flexível. Seja liberal.

É tão gostoso quando se vê uma pessoa aberta, de mentalidade larga e democrática.

Jamais mantenha quem quer que seja sob o jugo tirano da sua vontade.

Seja flexível.

Esta é uma das mais belas qualidades de convivência humana.

102

Não raro, quando alguém se dirige a você para se aconselhar, o que quer mesmo é fazer-se ouvir.

Ouvir o outro, sem pressa e sem aborrecer-se, é um dom extraordinário.

Nem sempre você dispõe de tempo, mas há momentos em que pode exercer o seu lado humano e compassivo.

Bondade, camaradagem e generosidade são dons que você tem e que pode partilhar com os outros. Distribua-os, enquanto não impliquem em desgaste e esvaziamento de suas próprias energias.

103

Dê o máximo de si, não importa o que os outros façam e como façam. A recompensa virá, ou da terra ou do céu.

Ponha seu talento em ação.

Nada resistirá ao ímpeto da sua bravura e inteligência.

Os resultados do seu trabalho serão grandiosos. Basta dizer que, ao final deste dia, o mundo não será o mesmo, graças a você.

E o amanhã aguarda você com excitante expectativa.

104

Cultive a serenidade.

Diante das situações e dos acontecimentos, seja sereno.

Tenha ânimo tão elevado que torna você tranquilo e ponderado diante de qualquer emergência.

É maravilhoso sentir-se como um porto seguro e calmo, mesmo quando estouram tempestades em pleno mar da vida.

Serenidade é estado mental.

E você é dono da sua mente. Então, imagine-se uma pessoa serena e autoconfiante.

105

O estado interior de gratidão é uma atitude belíssima.

Seja grato à vida, ao sol que brilha neste instante, à água tão benéfica ao corpo, aos alimentos que fortalecem a sua energia física. Sinta prazer ao tomar nas mãos a roupa que vai vestir, o perfume que usa, os sapatos que calça.

Nada mais sábio do que o seu sentimento de gratidão pelo café que vai tomar, pelo pão que vai comer e, principalmente, pelas pessoas que, desde o amanhecer, vão servindo você a qualquer momento, em qualquer lugar.

Sim, seja agradecido a Deus, que lhe criou este mundo tão lindo, e à humanidade que lhe oferece milhões de utilidades e oportunidades.

106

Você é muito inteligente, cheio de vida, possuidor de dons valiosos, dono de tantas aptidões e qualidades.

Não guarde esses valores no baú das inutilidades.

Não enterre seus talentos, como fez aquele personagem da Bíblia. Pelo contrário, traga-os à vida, à luz. Realize-os no seu dia a dia.

Participe ativamente na fantástica obra da criação de um mundo cada vez melhor.

A humanidade, emocionada, agradece você.

107

Não existe força mais poderosa no ser humano do que a fé. Esta, segundo o Mestre Jesus, transporta montanhas, cura doenças, realiza milagres, tudo alcança e torna possível até mesmo o que é considerado impossível.

Aí está a salvação da humanidade: pela fé, você tudo pode.

Tenha fé. Acredite nesta força insuperável.

Esta convicção inquebrantável fará com que todos os seus planos se concretizem.

Na hora de desanimar, lembre-se dessa revelação do Mestre.

108

Não fique aí com cara de terremoto, só porque ofenderam você, pisaram a sua moral, queimaram as suas qualidades e jogaram no rosto todos os defeitos que você não tem.

A solução é simples: não perca tempo com o que disseram. Fique o dito pelo não dito, em honra de São Benedito.

O mal cai por si mesmo. A mentira tem pernas curtas.

Agarre-se em Deus e ele sobrepujará esta situação.

Você não pode controlar os outros, mas pode controlar os seus pensamentos. Faça assim.

109

Seja decididamente otimista.

O otimista é o mais inteligente realista, porque sabe que somos o que pensamos.

Otimista é a pessoa que tem por hábito pôr luz em qualquer situação escura.

Se você é luz, na sua vida não existirá escuridão. E, o que é ótimo, sua presença estará sempre espantando as trevas que obscurecem a vida dos outros.

O seu otimismo iluminará os caminhos, tornando-os ensolarados e alegres.

Ser otimista é ser sol.

110

Não há nenhum ser que mereça maior carinho, respeito e consideração da humanidade do que a criança.

A criança é frágil, indefesa e bonita como a flor.

Em verdade, a criança é a flor da humanidade.

Deixe a criança ser criança.

Tire os obstáculos do seu caminho, para que ela possa brincar, cantar, rir, pular, vibrar, fantasiar, amar e ser feliz.

– Dos pequeninos é o reino dos céus – disse Jesus.

Não lhes feche a porta desse reino encantado.

111

Viagem ao centro da Terra. Não, não estou falando da obra de Júlio Verne. Estou sugerindo que agora você faça uma viagem ao centro da sua Terra, isto é, do seu corpo.

Percorra os órgãos, as glândulas, o sangue, o cérebro, os centros vitais, os nervos, os músculos, os ossos, os sentidos, os dentes, os tecidos, a pele, os cabelos, as células todas.

Que constelação fantástica, esta obra ousada da engenharia divina!

Jamais destrua o seu corpo.

Ele é o monumento da sua vida.

112

A solidão é o túnel escuro em que você está metido. Mas, entenda que não está no túnel porque vive sozinho, posto que há muitas pessoas sozinhas que caminham pela estrada ensolarada da vida, usufruindo a felicidade do dia a dia.

Se você gosta de si, não sofre de solidão, pois vive na sua agradável companhia.

Se gosta de si, mesmo morando numa caverna, é feliz e bem-acompanhado.

Amar-se é o antídoto contra a solidão.

113

Está você com medo de nunca chegar a progredir na vida?

Há um segredo, que poucas pessoas conhecem: toda a riqueza do universo está dentro de você, esperando a sua ordem para ser materializada e fazer parte do seu mundo.

Você jamais deixará de prosperar se tiver uma meta bem definida e assumir a certeza de que já está sendo atingida.

- Seja o que for que desejardes – ensinou o Mestre – quando orardes crede que tendes alcançado e alcançareis.

Sabedoria das sabedorias.

114

Vá em frente.

Não fique sentado à beira do caminho, deixando a vida passar.

Saiba o que quer e faça a sua trajetória, com a determinação de um César, de um Napoleão Bonaparte, de um Cristóvão Colombo.

Quem não anda, não chega.

Longe é um lugar que não existe. Com fé, entusiasmo e persistência, você chega lá.

Vá em frente. Cada passo aproximará você mais e mais da sua meta.

Vá em frente.

115

Preocupação e aflição só existem na mente daqueles que não aprenderam que em todo ser humano há um Poder Infinito, que tudo alcança, e uma Sabedoria Infinita, que sabe realizar os desejos e pedidos.

Já que você pode conseguir qualquer objetivo, suas preocupações e aflições se tornaram obsoletas e sem razão de ser.

A partir de hoje, seja despreocupado e confiante.

Ponha o reino dos céus dentro de si e viva alegre e positivamente.

Faça, a cada dia, a festa da vida.

116

Você pode libertar-se de qualquer hábito nocivo, sem sacrifício e sem sofrimento. E partir de agora.

Talvez você pense que se livrar de vícios exija esforços ingentes. Siga esse caminho mais simples: mentalize a libertação, alegre-se, agradeça, e festeje a vitória. Reforce essa verdade várias vezes por dia. Tudo o que o subconsciente aceitar como verdade, move céus e terras para tornar realidade física. Portanto, não existe sacrifício e nem sofrimento, mas apenas a ação todo-poderosa da mente subconsciente.

117

Sua doença veio do nada e deve voltar para o nada. Basta que você remova a causa mental que a criou, dê a ordem de retirada com firmeza irredutível e caminhe confiante na direção da sua recuperação total.

Mantenha a crença positiva da cura e tudo faça mentalmente como se já tivesse ocorrido. Aliás, na mente já aconteceu.

Assim, você fortalecerá o sistema de defesa orgânica, o qual arrasará o mal.

A saúde começa pela mente positiva.

Tenha fé.

118

Nada mais bonito do que um rosto alegre. Pois, então, tome agora um banho de alegria e ilumine o seu rosto.

Diga-se mil vezes: Eu sou alegre e feliz.

Este chuveiro de energias radiantes lavará a sua mente e iluminará o seu rosto.

A sua palavra é a sua energia, a sua força e a sua realidade.

A palavra de alegria produzirá a alegria.

E a sua alegria tornará seu rosto cada vez mais lindo.

119

Mantenha o seu bom humor. Não custa nada e traz enormes lucros.

O sorriso é o melhor cumprimento que você pode fazer a alguém.

Seu bom humor predispõe as pessoas a se ligarem em você e a vê-lo com bons olhos.

Comerciante, balconista, secretária, artista, religioso, que não sorri, desconhece o sucesso no relacionamento com as pessoas.

O bom humor faz a sua simpatia e fortalece a saúde.

120

Dize-me com quem andas e dir-te-ei quem és – foi o que afirmou o filósofo grego Sócrates.

Você está sempre na companhia dos seus pensamentos.

Se disser com que pensamentos anda, pode-se dizer quem é você e qual será o seu futuro.

Viva, desde já, na companhia benfazeja de pensamentos e sentimentos positivos, construtivos, saudáveis e alegres. E assim será você.

Nada mais simples.

Você é o que pensa.

121

Se você desrespeita os animais, está se desrespeitando a si mesmo, ao universo e a Deus, porque todos somos como instrumentos de uma só orquestra, executando a mesma sinfonia universal.

Ao desafinar, você não apenas feriu o seu ouvido, como contribuiu para a desarmonia cósmica.

Ame os animais. Sinta-se em comunhão fraternal com eles. São seres lindos, frutos da mais amorosa invenção divina.

Ame os animais e estará sintonizado no grandioso concerto cósmico.

122

Não jogue pedras no outro, jogue flores.

Permita que se manifeste o seu lado bom e não os impulsos irrefletidos.

Veja no outro você mesmo.

Se lançar pedras em alguém, elas cairão exatamente sobre você, pois esta é a Lei do Retorno.

Se atirar flores, elas recairão sobre você, inebriando-o com sua beleza e perfume.

Seja um ser à imagem do Terceiro Milênio: compreenda que o mundo é comunhão fraternal e amorosa.

123

Tudo no mundo segue seu ritmo, sua missão e sua trajetória própria.

Quando você não se desprende de um ente querido que já completou a sua órbita e saiu para outra dimensão – está querendo impedir a ordem e harmonia universal. Mais do que isso, está se prejudicando inutilmente, já que o mundo continua girando rumo ao Infinito.

Faça, neste momento, um ato de grandeza interior e dê o grito de independência.

Ligue-se na sua vida, pois somente esta é a sua missão cósmica.

124

Antes de se queixar dos defeitos de alguém, que tal tratá-lo como se já tivesse as qualidades que você gostaria que tivesse?

Agindo assim, estará colocando a pessoa nesse caminho que ela não conhecia ou não sabia encontrá-lo.

Agora ela perceberá que é capaz de ser assim. E assim será, porque ao pensamento segue-se a realização.

Enquanto você amaldiçoava a escuridão, nada acontecia, a não ser desgostos e sofrimentos.

Agora que você acendeu a luz, o outro já está sendo iluminado.

125

Levante com o pé direito – como se diz, isto é, acorde bem-disposto e animado.

Se começar bem o seu dia, já terá dado o primeiro e mais importante passo para que a sua jornada seja alegre, agradável e positiva. Afinal, não há nada de difícil nisso.

Ao acordar, banhe a sua mente com pensamentos de felicidade, de sucesso, de amor e de fé imbatível.

Começar bem é o segredo.

Faça assim e o seu dia será ótimo.

126

O poeta romano Virgílio, que viveu por volta de setenta anos antes de Cristo, disse: "Pode quem crê que pode."

Nada mais certo. A ciência do Poder da Mente, que busca o conhecimento na Sabedoria interior, ratifica esta verdade, que também foi proclamada pelo Mestre Jesus: "Quanto ao poder, quem tem fé tudo pode."

Os mestres e pensadores estão falando claro: Qualquer pessoa tem poder ilimitado e o desencadeia através dos seus pensamentos desejados e acreditados.

No momento em que você absorver esta verdade, sua vida não será mais a mesma.

127

Embora haja quem elogie o ciúme, é fora de dúvida que se trata de uma reação mental negativa e prejudicial. Reflete dependência, insegurança e desequilíbrio mental.

A qualidade das qualidades é o amor; o ciúme é o descontrole do amor.

Como o amor é qualidade inerente ao seu íntimo, ninguém jamais poderá roubá-lo de você.

Para desalojar o ciúme da cabeça, mentalize assim: "A felicidade e o amor estão dentro de mim e dependem só de mim. Eu sou amor e irradio amor. Eu sou livre e deixo livre todos os seres do universo. Agora me sinto seguro, equilibrado, em paz e feliz. E cheio de amor".

128

Não fale em crise e nem imagine crise. Impulsionado pelos bilhões de seres humanos que existiram, existem e existirão, o mundo sempre avança, evolui, progride, ampliando mais e mais a sua fonte inesgotável de riquezas. Basta você entrar nessa corrente de prosperidade e navegará na abundância e no progresso sem fim.

Evoluir é o pensamento enraizado na mente coletiva.

Ao lançar-se nesse caudal imenso, estará se juntando aos que acreditam no mundo.

A crise está na contracorrenteza. Na contramão. No negativismo.

Você está na direção certa. Avante, pois.

129

Se você caiu, levante-se, sacuda a poeira e siga o seu caminho, satisfeito da vida.

De nada aproveita ficar chorando o leite derramado. Pegue o limão amargo e faça uma gostosa limonada.

Assimile a verdade de que o que passou, passou. Ressuscitar o passado é erro crasso. Seria o mesmo que criar um fantasma: só serve para perturbar você.

O passado não existe. Você não é sequer a mesma pessoa de uma hora atrás, porque a vida é para frente, graças a Deus.

Perdoe o passado, isto é, demita-o da sua vida.

E agora caminhe de fronte erguida, confiante em si e na vida.

130

Vamos, descarregue esse ódio que queima você. Toda pessoa que odeia está levando dentro de si o fogo que os outros lhe jogaram. Isto é insensatez. Jogue fora o fogo e apague-o, caso contrário incendiará a sua mente e o seu corpo, provocando doenças.

Seja sábio, por favor.

Quem sabe da sua vida é você. Quem faz a sua vida é você. Por que, então, perturbar-se com os desvarios dos outros?

Não fixe a sua mente no malfeitor, mas na sua própria paz de espírito e no amor que felicita a sua vida.

Paz e amor.

131

Você, com certeza, não gosta das pessoas que criticam sua vida e falam mal às suas costas.

Está bem, mas examine-se honestamente a ver se também não faz o mesmo.

Seja amável e generoso com as pessoas. Até mesmo na rudeza dos garimpos existem pepitas de ouro.

Todas as pessoas são bem melhores do que a gente imagina.

Ao flagrar-se em críticas desabonadoras, não se aflija: simplesmente mude de assunto e encontre motivos para elogiar.

132

Viva, este é o seu melhor dia, seu grande dia, seu dia especial! Sabe por quê? Simplesmente porque só existe o hoje-aqui-e-agora. Tome consciência dessa maravilhosa verdade. O ontem não existe e o amanhã não chegou. Você e seu momento único. É claro que já sabe o que fazer nesse milagre do tempo a seu dispor: ser feliz.

Sinta a alegria de viver, contemple a natureza, abençoe os seres humanos e cante a festa da vida. O resto é o resto.

133

Por que se preocupa tanto com o que os outros dizem de você?

Se falam mal, são ignorantes e estão em situação pior que a sua, portanto dar atenção é idiotice.

Se falam bem, não há porque se preocupar, já que estão iluminando ainda mais a sua trajetória abençoada.

O outro é o outro. Você é você.

Somente você faz a sua vida e a sua realidade.

Medite nessa verdade e encontrará a libertação interior.

134

O trem das frustrações chegou à estação terminal. Desembarque e informe no guichê da sua mente qual o seu próximo destino. Diga, clara e convictamente, que deseja passagem para a Estação da Felicidade.

Confira o bilhete e siga nesse trem, que passará pela Harmonia, pelo Sucesso, pela Riqueza e pelo Amor. É a viagem mais fascinante e proveitosa da sua vida.

A sua mente é o trem; o bilhete é o pensamento; a Estação da Felicidade é o seu destino, que se confunde, desde já, com a sua realidade de todos os momentos.

135

Talvez você reclame sem cessar dos outros porque não se portam como você acha que deveriam.

Mas, antes de tudo, pense que o errado pode ser você, que pretende impor suas manias, sua mentalidade, suas ideologias, suas crenças, seu modo de ser e agir.

Não sufoque a vida que está se manifestando nos outros.

Seja condescendente e respeite a liberdade de pensamento e de expressão das pessoas com as quais convive.

Viva e deixe os outros viverem.

136

Arranje tempo para rir.

O riso é a distância mais curta entre você e a saúde.

Rir é a atitude mais humana, já que nenhum animal ou planta consegue desabrochar um risinho sequer.

Pelo riso você se torna a pessoa mais simpática do planeta. E a sua saúde se fortalecerá, posto que rir ainda é o melhor remédio.

Pois bem, ria agora mesmo, desde que não esteja num velório. A não ser que você acredite que o ilustre defunto tenha passado desta para a melhor. Neste caso, bem que merece um sorriso de aprovação.

Hoje você vai rir até para as estátuas da praça, entendido?

137

O diretor de uma escola infantil afixou na parede o seguinte aviso: Se você não acreditar em tudo o que seu filho lhe conta a nosso respeito, nós não acreditaremos em tudo que seu filho nos conta a seu respeito.

Boa piada instrutiva, para que você seja lento e ponderado em acreditar nas intrigas e fofocas que lhe contam. Normalmente, a fonte é falsa e as intenções são escusas.

Pense no que faria se o outro fosse você.

O mal atingirá você apenas se o recolher para si. Portanto, sinta-se acima dos monturos. Oriente-se por atitudes positivas, magnânimas, inteligentes e de bom senso.

138

Normalmente, os homens querem ser bons, mas não demais e nem o tempo todo, porque pensam que os prazeres da vida às vezes estão do lado oposto.

O bem e o bom são feitos de prazer, de felicidade, de alegria, de amor, de saúde, de riqueza e de bem-estar. Não é isso que você quer?

Curta a vida prazerosamente, orientado por estes princípios: tudo o que é intrinsecamente bom é sempre bom; a sua liberdade termina onde começa a liberdade dos outros; pelos frutos se conhece a árvore.

Se for feliz, necessariamente será bom.

139

Se você sabe voar, não jogue fora suas asas, com pena dos que não sabem.

Não seja infeliz, porque existem tantos infelizes. Não seja pobre, porque existem tantos miseráveis.

Não é descendo que você levanta os que estão por baixo.

Suba e mostre-lhes o caminho.

A lâmpada apagada jamais iluminará a escuridão.

Seja feliz, saudável, rico e cheio de amor.

Assim, será exemplo digno de ser imitado.

140

– E tu, quando orares, entra no teu secreto – recomendou o Mestre.

A oração perfeita é aquela que vem de dentro para fora e não a que vai de fora para dentro.

A verdadeira prece nasce no coração, por isso, quando você vai orar, entre no seu secreto e ore a seu Pai, que está no secreto. E o seu Pai, que está no secreto – disse Jesus – ouve você e o atende.

O diálogo com o Pai é feito lá dentro e não aqui fora.

O Pai está no céu da mente e não no céu da boca.

Se você pode entender, entenda.

141

Se você puder respeitar as pessoas que não respeitam você – é superior a elas.

A desgraça não está na falta de respeito dos outros, mas em sofrer por causa desta atitude alheia.

Se você está acima, encare naturalmente a divergência de conduta por parte dos outros, pois se encontram abaixo da sua faixa de evolução.

Há pessoas que podem estar cinco ou cinquenta anos atrás de você.

Ao invés de criticar-lhes o comportamento, ajude-as a evoluírem.

Sua missão é impulsionar o mundo para frente.

142

– Vinde a mim vós todos que vos achais oprimidos e sobrecarregados, que eu vos aliviarei – falou o Mestre.

Acabe com a sua hipertensão. Senão ela acabará com você.

Às vezes a hipertensão é filha da ignorância, porque fruto de angústia, raiva, medos e insatisfação.

Acalme-se. Se já experimentou de tudo, entregue seus problemas e ansiedades ao próprio Jesus, que se prontificou a dar-lhe alívio.

– Lança sobre o Senhor a tua carga – diz a Bíblia.

143

Peça tudo a si mesmo. Aí está a Sabedoria.

A Fonte está dentro.

É ignorância pedir aos outros o que você já possui.

Quando se queixa de que os outros têm demais e você de menos, está querendo beber água por mão alheia, está pretendendo respirar pelos pulmões dos outros.

Busque em si o que deseja da vida.

O queixoso é como o miserável que tem uma panela cheia de ouro sob os pés e não sabe.

Peça a si mesmo, ao Poder Infinito que existe em si.

– E dar-se-vos-á – concluiu o Mestre.

144

Quem anda de rastos, não se queixe de ser pisado.

Erga-se à altura da sua dignidade de filho de Deus.

Reconheça a sua dimensão superior.

Carregue consigo a carteira da sua nacionalidade divina e relembre que é cidadão do Infinito.

Tenha o porte ereto e os olhos nas estrelas.

Seja como o sol, que está no alto mas esparge por toda parte, sem distinção, sua luz e sua energia benéfica.

- Levanta-te – ordenou o Mestre – toma o teu leito e anda.

145

Seja honesto. Jamais acrescente à sua fortuna um centavo pertencente a outrem.

O que é seu é seu. O que é dos outros é dos outros.

Quem rouba é roubado. Esta é a Lei.

Não é por aí, portanto, que se enriquece. O roubo é sempre colocado em balde sem fundo: só lhe dará trabalho e sofrimentos, nada mais.

Riqueza é estado de espírito: mentalize o que deseja e o seu pedido se materializará.

Todo pensamento é realidade mental que busca a própria materialização, assim como toda causa atrai o seu efeito.

Desonestidade nunca leva à riqueza.

Seja inteligente: vá pelo caminho certo.

146

Desperte o gênio que jaz adormecido em você.

Gênio não é fruto de cultura ou de treinamento: é lampejo da Sabedoria Infinita, imanente nas profundezas do seu ser.

A você compete despertar este gênio e, através do aprofundamento, da pesquisa e da ação, fazê-lo expressar-se em toda sua grandeza e força.

Mesmo em você, que vive no seu submundo miserável, há um gênio à sua espera.

Abra-lhe a porta interior. Deixei-o desenvolver-se na sua vida.

A humanidade, agradecida, abençoará você.

147

– Honrarás teu pai e tua mãe – é o mandato.

Amar, respeitar, querer bem ao pai e à mãe não é uma obrigação, mas um princípio natural.

Pobres ou ignorantes, felizes ou desgraçados, eles são o seu próximo mais próximo, aos quais irradiará carinho, luz, compreensão e boa vontade.

Ainda que você esteja distanciado por conceitos e preconceitos – jamais deverá haver algo que possa romper este elo de amor.

Mesmo que milhares de quilômetros os separem, entre pais e filho longe é lugar que não existe.

Seja você mesmo, resguarde a independência da sua vida conjugal, assuma a sua individualidade, cumpra o seu destino, mas mantenha seus pais no coração, até porque amor não ocupa lugar.

148

Há aqueles que pedem a Deus tarefas iguais ao tamanho de suas forças; outros há que, no paroxismo da própria imolação, pedem tarefas acima de suas forças. Mas, sábio é quem pede Forças iguais ou superiores ao tamanho de suas tarefas.

Para esses, não importa a dimensão de seus ideais, já que são impulsionados pelo Poder Infinito.

Foi baseado neste conhecimento que Jesus ensinou: "Se tu podes crer, tudo é possível àquele que crê."

Se você crer que pode, a Força Infinita virá em seu socorro.

– Tão logo o homem seja uno com Deus, não precisará de súplicas - palavras do filósofo Emerson.

Uno com Deus, na verdade, todo ser humano é, porquanto Deus é no âmago de cada pessoa.

O ponto de poder, no entanto, está no conhecimento desta verdade.

Enquanto isso não suceder, o homem andará pelos descaminhos, às tontas, invocando tudo e todos, no intuito de tocar o Poder.

Quando você sabe que é unidade com o Pai, sabe que tem o poder do Pai. Então, já não suplica – usa-o.

150

Juventude não é determinado período da vida: é estado de espírito e, como tal, pode vivificar o seu ser por oito anos ou por oitenta anos.

Ser jovem é amar a vida, desbravar caminhos desconhecidos para atingir o objetivo, acreditar em si e no mundo, ser impelido por uma fé inquebrantável, cair e levantar com o mesmo ímpeto, sonhar com um mundo cada vez melhor, curtir os arroubos de uma imaginação poderosa, admirar todas as formas de manifestação da vida, sonhar e acreditar nos seus sonhos doirados.

Ser jovem é ter uma bandeira no coração e a mente incendiada por um ideal.

151

Amar é a melhor oração, já que o amor é o mais perfeito estado de interação com Deus e as criaturas.

Não existe oração mais perfeita do que viver em harmonia e sintonia com o Criador e as criaturas.

Quando você sente, no coração, a inefável e doce presença de cada ser humano, de cada flor, de cada animal, de cada ave, de cada estrela, de cada praia, de cada montanha, vale, rio ou lago – está em estado de oração. E, nesse caso, está em intimidade com Deus.

Esse é o mais lindo estado de felicidade e de paz. Dispensa palavras e louvações, a não ser aquelas que brotam espontaneamente das dimensões iluminadas do ser.

152

Pensar é poder.

O pensamento é a causa primeira de tudo. Todo ato criador nasce do pensamento.

O "faça-se" nada mais é do que a manifestação do pensamento.

Pensar é criar do nada e criar do nada é realizar um estupendo milagre.

Pelo pensamento você está exercendo a divindade que Deus lhe conferiu.

A partir deste momento, assuma o comando absoluto do seus pensamentos, pois eles são o marco da sua felicidade ou da sua desgraça.

Pense positivamente e sua vida será positiva.

153

Errar é humano. Não é aí que está o mal e sim em lamentar-se, morder-se de remorsos e sofrer. Nada é motivo de sofrimento e de culpa para quem sabe recolher as lições dos acontecimentos.

Longe de você qualquer complexo de culpa. Este é fruto da ignorância, até porque o que passou, passou, não existe mais.

A vida é um contínuo aprendizado.

O que você chama de erro é a sábia oportunidade de acertar a direção para alcançar a meta positiva que se determinou.

154

Quando sentir-se uno com todas as criaturas, você sentirá que é uno com Deus, pois a Divindade é como o vento, como a luz, como a energia, como a vida que impregna todos os seres.

Pelas causas segundas, chega-se à Causa Primeira; pelo visível se alcança o Invisível; pelo finito se sobe ao Infinito.

Não há mais emocionante ato de crença em Deus do que a criança beijando carinhosamente uma flor ou um gatinho. Não diz nada, mas diz tudo.

A sabedoria é tornar-se como as crianças.

155

O pessimista diz que o vento geme; o otimista acha que o vento assobia e canta.

O pessimista lamenta a vida; o otimista a festeja.

O pessimista diz que as rosas produzem espinhos; o otimista se alegra porque os espinhos produzem rosas.

O pessimista se entristece porque só tem meia garrafa de vinho; o otimista se alegra porque ainda tem meia garrafa de vinho.

O pessimista ensina que depois do tempo bom sempre vem a tempestade; o otimista garante que depois da tempestade vem o tempo bom.

O pessimista abre a janela para a escuridão sair; o otimista abre a janela para a claridade entrar.

A escolha é sua. Assim como você pensa, assim você é.

156

Fica sempre o perfume nas mãos que oferecem rosas.

O dar, ao invés de criar um vazio, produz o fenômeno da multiplicação. Basta que a mente esteja ligada na abundância.

Ao final de uma vida de tantas doações caridosas, você perceberá que, longe de ficar mais pobre, seus bens cresceram admiravelmente.

O segredo é saber que a fonte inesgotável está dentro de si.

Se você tem a fonte, pode oferecer água à vontade.

Como disse Salomão, o grande sábio da Bíblia: "A quem dá liberalmente, ainda se acrescenta mais e mais."

157

Ser feliz é estar no reino dos céus.

– O reino dos céus está dentro de vós mesmos – segredou o Mestre.

A chave da felicidade é o pensamento feliz. Este abre as portas do seu reino encantado.

Felicidade, portanto, é estado mental.

Como só você tem acesso à chave e à porta – só você pode fazer a sua felicidade.

Não perca tempo: entre agora mesmo no seu paraíso interior e dance, cante, ria, vibre, ame, enfeite seu coração com bandeirinhas coloridas, solte os balões de sua criança interna.

A felicidade é a suprema plenificação da vida.

É o retorno ao paraíso perdido.

158

Por que fica você noite e dia no costado do seu marido (leia-se também esposa), querendo saber onde esteve, o que fez, com quem esteve, quanto tempo esteve e por que esteve.

É erro crasso pensar que se paga o amor com o preço da liberdade.

Deus fez a criatura humana livre, mesmo sabendo que ela poderia errar e prejudicar-se.

Não é a suspensão da liberdade que vai aumentar ou garantir o amor.

Amor e liberdade são as duas asas que fazem o casamento feliz.

159

O erro do deprimido é o mesmo do elefante: não sabe a força que tem.

Fica aí abatido, caído na cama, inibido, fraco, quando, na verdade, possui Força interior tão fantástica, capaz de arrancá-lo agora mesmo da prostração e lançá-lo na empolgante conquista dos seus grandiosos espaços na vida.

Vamos, levante, arrombe a porta da depressão e saia ao sol.

Veja como a vida continua mais linda que nunca.

Parabéns. Você conseguiu.

160

Não aponte os defeitos alheios, nem mesmo com o dedo limpo – reza um adágio popular.

Se não encontrar motivos para elogiar e valorizar o outro, fique calado.

Cultive esta qualidade e sua presença será sempre festejada em qualquer ambiente.

Amigo é aquele que, além de estar ao seu lado, acrescenta algo de bom à sua vida.

A palavra é céu ou inferno, luz ou escuridão, força ou abatimento.

Prometa-se ver o lado bom das pessoas.

161

Quer ser livre?

Dê, neste momento, um golpe seco e duro nas amarras que o prendem e siga serenamente o seu caminho, sem lançar uma olhadela sequer nos pedaços da corrente caída no chão.

Pronto, você é livre.

Escolha o caminho e vá em paz.

Festeje a liberdade: é o grande dom da sua vida.

Agora você é como as aves do céu.

Sua alma, leve e ágil, também voará pelo firmamento sem fim da sua liberdade.

162

Torne a inveja obsoleta na sua vida.

A chave é saber que tudo o que vê de bom nos outros, já existe dentro de si.

Use o Poder Infinito para obter na realidade física o que possui na potencialidade do pensamento.

Pensar é criar. Imaginar é fortalecer o pensamento. Acreditar é realizar.

Este conhecimento libertará você para sempre da inveja, que não terá mais razão de ser.

As qualidades e conquistas dos outros são para você motivo de muita alegria e gratidão, pois lhe dão a matriz com a qual pode reproduzi-las em si.

Adeus, inveja.

163

Se você errou, perdoe-se; se os outros erraram, perdoe-os.

Não complique a vida: perdoe.

Seja inteligente: perdoe.

Leve vantagem: perdoe.

Perdoar é desligar o mal. Mande embora definitivamente o mal que obscurece sua mente. Se este não existir na mente, não existirá.

Perdoar é restabelecer a harmonia na sua mente, no seu corpo e na sua vida.

Seja justo: perdoe. Caso contrário, fará seu corpo – que é inocente – adoecer.

Seja sábio: perdoe.

Seja feliz: perdoe.

Seja inteligente: perdoe.

Seja filho de Deus: perdoe.

164

O trabalho é a forma pela qual o homem participa da obra construtora do mundo.

Diz a Bíblia que, nos primeiros cinco dias, Deus criou a luz, o sol, as estrelas, a terra, as águas, os peixes, as plantas, os animais e aves. No sexto dia, criou o ser humano e, depois, descansou. Significa que compete à criatura humana, feita à imagem e semelhança do Criador, continuar, através dos tempos, a obra da criação do mundo.

Aí está a razão de ser do trabalho em sua essência.

Trabalho, seja qual for, é exercício do ato criador.

Crie, construa, faça, e a humanidade do futuro lhe será sempre grata.

165

Nem um milhão de defeitos equivalerão a uma qualidade sequer. Não fique, pois, justificando as suas atitudes negativas alegando que há tanta gente agindo da mesma maneira.

Cada um faz o seu viver.

Acenda as suas qualidades: elas iluminarão a sua trajetória.

Entre no porão da sua mente e junte todas as qualidades aí jogadas. Traga-as para cima, limpe-as, e elas brilharão na sua vida.

Tão simples e tão fácil.

166

Você pode. Não desanime.

A distância que separa você da meta ambicionada é apenas o seu pensamento.

Não poderá, se pensar que não poderá.

Poderá, se pensar que poderá.

Não desista, logo agora que você sabe que pode.

Grite para os quatro cantos do planeta: "Eu posso".

Seu brado explodirá as montanhas que impediam, e você finalmente conseguirá.

Só os fortes mentalmente conquistarão a Terra.

167

Entre nas matas, contemple a exuberância da vida multicolorida, ouça a canção dos ventos ninando as folhas e flores, inunde-se da força vigorosa das cascatas, trine com os pássaros, toque a energia das rochas, apalpe os troncos gigantescos – e você sentirá o palpitar de uma estranha emoção.

Sua mente – liberta e aberta – mergulhará na natureza e sentirá a vida na expressão original do Criador.

Neste momento, você entrará em comunhão com o universo e celebrará o êxtase do amor.

É por isso que a natureza fascina, acalma e liberta o ser humano.

168

Dinheiro sem objetivo é inutilidade.

Dinheiro é um meio, genialmente inventado pela inteligência humana, através do qual você encontra as melhores e mais fáceis condições de alcançar qualquer finalidade, seja o pão de cada dia, a roupa que veste, a casa para morar, a viagem de lazer, o divertimento que alegra, o descanso necessário, a cultura que engrandece, assim por diante.

Use o dinheiro para tornar a sua vida mais alegre, saudável, confortável, próspera, abundante, produtiva e maravilhosa.

Abençoe o dinheiro e ele se multiplicará.

Riqueza é estado mental.

169

Nada de ideologias na sua cabeça. Evite o radicalismo.

A Verdade, em sua limpidez, seja buscada no interior do seu espírito, onde habita a Sabedoria Infinita.

Diz o Senhor: "Porei as minhas Leis nos seus corações e as imprimirei nas suas mentes." (Hebr 10,11-18).

E o Mestre Jesus completou a revelação: "Conhecereis a Verdade e a Verdade vos libertará."

Ouça o que os outros têm a dizer, mas reserve-se o direito inalienável de conferir com a verdade da Sabedoria Infinita.

170

O estresse é o grande equívoco da época moderna.

Vai mais longe quem luta noite e dia para subir a correnteza ou quem solta o seu barco a favor das águas?

Estressar-se é remar contra a correnteza.

A vida, no entanto, é um caudal que conduz você naturalmente para frente, na direção do seu destino grandioso.

Ponha o seu barco nesta rota e, sem esforço maior, descerá o rio no fluxo da corrente, sobrando-lhe todo o tempo desejado para curtir cada instante da viagem. Sem deixar de avançar.

Pare de estressar-se: não vá contra o ritmo da vida e nem apresse o rio.

Viva a vida hoje, pois é só o que existe. O resto virá naturalmente, a seu tempo, já que o rio nunca deixa de fluir.

171

Diz a Bíblia: "E Davi dançava com todas as suas forças diante do Senhor, cingindo uma túnica de linho".

A natureza dança, os ventos dançam, os pássaros dançam, as águas dançam, o ser humano dança.

A dança da vida – que liberta, alegra, reanima, aproxima, flui, eleva a energia vital, fortalece o sistema imunológico, une as pessoas entre si e diante do Senhor.

A vida é sopro. É movimento. É fluxo. É energia. É amor.

Todo movimento produz força; toda força produz calor; ora, calor é amor; logo, a vida é a dança do amor.

172

O homem nunca conseguiu inventar um remédio tão eficiente quanto o espírito humano.

Não há droga mais poderosa do que a sua mente cheia de fé na cura.

Se você está enfermo, seja inteligente: use antes e acima de tudo o remédio mental.

O pensamento positivo de libertação do mal e a imaginação da saúde definitiva produzem milagre.

Vamos, levante o seu espírito, mentalize a cura e acredite que assim é e assim será.

173

A fé é como os holofotes do seu carro: faz você enxergar a realidade além do nevoeiro.

Quem não tem fé – só vê o que aparece diante dos olhos; quem tem fé – vê a realidade além dos olhos, até aonde a mente alcançar.

O apóstolo Paulo reforçou esta verdade, quando escreveu que "a fé consiste na posse antecipada do que se espera, um meio de demonstrar realidades que não se veem."

Pela fé, você toma posse da coisa desejada.

Eis o poder e a verdade da fé.

174

O homem ultrapassa infinitamente o homem. Estas palavras do grande cientista Pascal revelam profunda sabedoria.

Realmente, o ser humano é tão infinito quanto possa alcançar a dimensão ilimitada da mente.

O infinito está dentro.

Aquele que diz que tem todas as respostas, com certeza não se fez todas as perguntas. Pode ir muito mais além.

E este momento da humanidade já está acontecendo. Maravilha!

175

Você tem um canarinho dentro do coração. Se abrir a gaiola ao sol, der comida, água, amor e liberdade, o passarinho sempre cantará.

A felicidade habita o seu coração e canta sem cessar, como um rouxinol divino, nada tendo a ver com o tamanho da sua riqueza ou pobreza e sim com o seu desejo positivo e amoroso.

Peça ao seu rouxinol para cantar e ele trinará a música mais encantadora.

Tudo depende de você.

Programe, desde já, o concerto mais feliz da sua vida.

176

Ao fim do dia, elogie-se. Sempre há razões especiais para felicitar-se. Não deixe que um ou dois acontecimentos desagradáveis obscureçam a grandiosa caminhada do seu dia.

Sim, pode ter certeza de que há bons motivos para se dar os parabéns.

Festeje as coisas boas que fez ao longo desta inesquecível jornada.

Para sua surpresa, você descobrirá que avançou muito mais do que imaginava.

Na história da sua vida, esse foi um grande dia.

Amanhã será outro dia. Muito melhor.

177

Você está vivo, isto é fantástico.

Abençoe o milagre da vida e trate de aproveitá-la minuto a minuto.

Só quem viu a morte de perto pode entender a profundidade desta mensagem.

Mas, você, que tem o dom de meditar, também conseguiu penetrar a essência desta realidade e sente a ventura indescritível desta dádiva divina: a vida.

Cante a vida. Festeje. Celebre. Solte foguetes. Comemore com tudo a que tem direito. Afinal, este minuto não voltará mais.

178

A paz é a saúde da mente.

É estado de libertação interior.

A paz é incompatível com a mágoa, o ódio, a depressão, o estresse, a fixação, a obsessão, o apego, a vingança, o trauma, as preocupações, os problemas, os complexos de culpa, a angústia, o desânimo e os medos.

Paz é estado de leveza, de limpidez, de luz, de desfixação, de desatrelamento, de libertação total.

Pela paz, você tem tudo e está livre de tudo. Tem todos e está liberto de todos.

Paz – a qualidade mais desejada, depois do amor.

179

A chave que lhe abrirá as portas para uma nova vida é esta: o conhecimento de que existe um Poder Infinito e uma Sabedoria Infinita no seu subconsciente; e a compreensão de que você os aciona através do pensamento.

Quem descobriu isso, rompeu a barreira do tempo.

Ao desvendar, neste instante, a sabedoria da vida, você assume plenamente a verdade de que é imagem e semelhança de Deus, criado para presidir a obra da criação e dominar em toda Terra.

Este é o alvorecer de um novo mundo.

180

Fim. Não é verdade. O bem não tem começo e nem fim.

A felicidade é um rio infinito, que corre sem parar; no momento em que você mergulhar nele, banhar-se-á de felicidade. E a sua felicidade não diminuirá o tamanho do rio, que continua correndo no território interior de todos os seres do universo.

Toda hora é hora de mergulhar nessa corrente benfazeja: toda hora é hora de ser feliz.

Sem começo e sem fim.

"O tempo é seu melhor amigo. Dê-lhe diariamente uma boa palavra e ele a devolverá com abundantes bênçãos".

Lauro Trevisan

OUTRAS OBRAS DO AUTOR

O PODER INTERIOR
(69ª Ed.)

Nesta obra, a pessoa percorre 40 dias no deserto místico de si mesma para alcançar a saúde física, mental emocional e espiritual. Durante 10 dias, são feitas meditações para a libertação dos males da mente.

Nos 10 dias seguintes, libertar-se-á dos males do coração.

Nos outros 10 dias, dedica-se a debelar os males do corpo.

Nos últimos 10 dias, encontra a alegria de viver. (127p)

O PODER INFINITO DA ORAÇÃO (95ª Ed.)

Aqui você vê o outro lado da oração: a força infinita, nela contida, que produz a cura de doenças incuráveis; que produz a solução de problemas insolúveis; que abre caminhos inimagináveis; que realiza o milagre; que evita o acidente; que acalma o espírito; que protege no perigo. (181p)

O PODER INFINITO DA SUA MENTE *1*
(518ª Ed.)

Lançada em 1980, esta obra tornou-se, desde logo, um dos maiores best-sellers do Brasil. Já traduzida em várias línguas, continua sucesso em outros

países. O autor ensina, de forma simples e profunda, as pessoas a usarem as forças interiores, para resolver os problemas e alcançar os grandes objetivos na vida. (192p)

A FÉ QUE REMOVE MONTANHAS
(Livro de bolso)
(15ª Ed.)

Estupendo!

A fórmula definitiva daquele poder que move montanhas, cura doenças, produz milagres e tudo alcança. (200p)

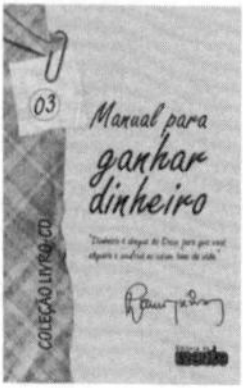